AF303381

SAINT THOMAS D'AQUIN

L'union de la raison et de la foi

Par Mélanie Mettra
Sous la direction de Damien Glad

50MINUTES.fr

SAINT THOMAS D'AQUIN

INTRODUCTION

Dans l'imaginaire contemporain, les représentations du Moyen Âge sont souvent celles d'une époque sombre, marquée par l'obscurantisme, au contraire d'une Renaissance auréolée de la lumière de l'humanisme et des avancées scientifiques. C'est oublier la formidable vivacité de la pensée qui caractérise l'époque médiévale.

Tournée avant tout vers la connaissance de Dieu par les penseurs des trois grandes religions monothéistes, elle est à l'origine de la redécouverte des textes philosophiques antiques par les érudits du monde islamique puis par ceux d'Occident à partir du IXe siècle. Ces derniers, au sein des toutes jeunes universités du XIIe siècle, se livrent à des joutes intellectuelles qui vont marquer pour de nombreux siècles la pensée philosophique et théologique. Parmi eux, Thomas d'Aquin. Homme à la stature physique extraordinaire, docteur en théologie, enseignant à l'université de Paris, puis à Rome ou encore à Naples, il est l'auteur d'une œuvre colossale dans laquelle il allie philosophie et théologie. Commentateur infatigable de la Bible et des écrits d'Aristote, imprégné par l'amour de la contemplation et de la prière, il va, au fil de ses thèses, montrer que la raison et la foi, loin d'être rivales, sont deux moyens d'accéder à la connaissance de Dieu. Également auteur d'écrits politiques porteurs des germes d'une pensée démocratique, voire laïque, promoteur d'une morale du bonheur, la pensée de saint Thomas d'Aquin participe aujourd'hui encore à la vie intellectuelle de l'Église catholique.

DONNÉES CLÉS

- **Naissance ?** En 1225 au château de Roccasecca, Aquin (Latium).
- **Mort ?** En mars 1274 dans l'abbaye de Fossanova, Priverno (Latium).
- **Apport majeur ?** Conciliation du dogme catholique et de la philosophie aristotélicienne au sein de la doctrine thomiste, devenue doctrine officielle de l'Église catholique.

BIOGRAPHIE

LA DÉCOUVERTE DES FRÈRES PRÊCHEURS

Thomas d'Aquin est né en 1225 au château de Roccasecca, près du village d'Aquin, qui lui vaut son nom. Issu d'une famille noble, il est, par son père, petit-neveu de l'empereur Frédéric Ier Barberousse (empereur du Saint Empire romain germanique, 1122-1190). Destiné par sa famille à une carrière ecclésiastique, il est envoyé au monastère du mont Cassin, berceau de l'ordre des Bénédictins, afin d'y recevoir une première éducation aux lettres latines. C'est dans ce cadre monastique qu'il découvre la prière et la contemplation, qu'il cultivera sa vie durant et qui marqueront son œuvre. En 1240, il part à Naples afin d'approfondir son savoir : il y étudie la grammaire, les sciences, la théologie et surtout la philosophie. C'est également dans cette ville qu'il fréquente le jeune ordre des Dominicains, où il devient novice à la mort de son père, en 1243. Mais sa mère, Théodora de Téano, n'accepte pas ses vœux et le fait chercher à Naples, puis à Rome, afin de le ramener au château familial et de le voir embrasser la carrière qui lui était destinée. S'il lui échappe dans ces deux villes, c'est en 1244, lorsqu'il suit Jourdain de Saxe (1190-1237), successeur de Dominique (fondateur de l'ordre des Frères prêcheurs, 1170-1221) à la tête de l'ordre, en direction de Bologne que Théodora parvient à le faire enlever avec l'aide de Frédéric II (empereur du Saint Empire romain germanique, 1194-1254). Il est enfermé près d'un an à Roccasecca, mais ne renonce pas pour autant à son engagement.

UNE VIE DÉDIÉE À L'ENSEIGNEMENT

En 1245, libéré, il part pour Paris, puis pour Cologne en 1248, afin de poursuivre ses études. Il suit l'enseignement d'Albert le Grand (théologien et philosophe souabe, vers 1200-1280), l'un des premiers théologiens à fonder sa réflexion sur l'œuvre redécouverte d'Aristote (philosophe grec, 384-322 av. J.-C.). Après ses études, Thomas devient lui-même enseignant. Il exerce d'abord à Paris, où il occupe en 1256 l'une des deux chaires de théologie comme maître. En 1257, il obtient le grade de docteur en théologie et dirige l'une des deux écoles du collège Saint-Jacques. Rappelé en Italie par le pape Alexandre IV (1199-1261), il prend la tête du centre d'études pontificales à Rome en 1259. La renommée et l'influence de celui qui avait été surnommé le « bœuf de Lucanie » par ses condisciples à cause de son allure et de son silence lui valent la confiance du successeur d'Alexandre IV. En effet, Urbain IV (pape, 1200-1264) lui demande de rédiger un texte remettant en cause la philosophie aristotélicienne telle qu'enseignée par les interprètes averroïstes de la Sorbonne.

ALBERT LE GRAND

Si le nom d'Albert le Grand n'est plus guère connu que des sphères philosophique et historique, il est pourtant utilisé quotidiennement par des milliers de Parisiens ou de personnes de passage à Paris. C'est en effet probablement une déformation de son nom qui a donné le toponyme « Maubert », attribué à une place proche de l'université de la Sorbonne, dans le quartier de la montagne Sainte-Geneviève, haut lieu de l'enseignement de la théologie au Moyen Âge.

En 1269, il retrouve l'université parisienne, toujours agitée par la polémique autour de la lecture des œuvres des philosophes grecs, avant de diriger une nouvelle école dominicaine à Naples. En décembre 1273, il fait part d'une vision de sa fin prochaine et décide de mettre un terme à tous ses travaux. Le pape Grégoire X (1210-1276) le convoque au concile de Lyon, qui doit statuer sur les croisades en Terre sainte et l'union des Églises d'Orient et d'Occident. Il prend la route au mois de janvier 1274, mais ne parvient jamais à destination. Malade, il meurt dans l'abbaye cistercienne de Fossanova. Son corps est aujourd'hui inhumé dans l'église de l'ancien couvent dominicain de Toulouse.

Ses thèses, présentées dans deux œuvres magistrales, *Somme contre les gentils* et *Somme théologique*, dans de nombreux commentaires (de la Bible, d'Aristote) et des recueils de questions disputées lors de ses enseignements, font l'objet de nombreux et houleux débats après sa mort. Mais Thomas d'Aquin est finalement canonisé le 18 juillet 1323 par le pape Jean XXII (1245-1334), et est fait docteur de l'Église en 1567.

CONTEXTE

LA FONDATION DE L'ORDRE DES FRÈRES PRÊCHEURS

Le début du XIIIᵉ siècle voit la naissance des ordres dits « mendiants » du fait de leurs vœux de pauvreté et de mendicité. Ils désignent d'une part l'ordre des Frères mineurs, ou ordre franciscain, du nom de François d'Assise (1182-1226) qui en est à l'origine, d'autre part l'ordre des Prêcheurs, ou ordre dominicain. Ce dernier est fondé par le castillan Dominique de Guzman. Né en 1170 près de Burgos, ce dernier poursuit des études de théologie et est ordonné prêtre à Osma (Castille) à la fin des années 1190. Remarqué pour ses talents de prédicateur, il accompagne à deux reprises l'évêque d'Osma, Diego d'Acevedo, lors de ses voyages au Danemark afin d'y conclure le mariage entre l'héritier du trône castillan et une princesse danoise. À cette occasion, ils traversent le Sud-Ouest de la France, où le catharisme est en plein essor. L'idéal d'évangélisation et de prédication de Dominique y trouve sa réalisation.

À partir de 1206, date à laquelle il fonde à Prouilhe (France) un monastère féminin et regroupe ses premiers disciples, Dominique de Guzman va parcourir le Lauragais, les régions de Carcassonne, de Toulouse et de Montpellier afin de faire revenir à l'Église catholique les brebis égarées dans l'hérésie cathare. Soutenu par le pape Innocent III (1160-1216), qui voit dans son austérité un moyen de répondre aux reproches émis par les mouvements hérétiques, et désireux d'établir un réseau de prédicateurs stable, Dominique fonde en 1216 l'ordre des Frères prêcheurs. Rapidement après la rédaction d'une règle, inspirée de celle de saint Augustin (docteur de l'Église latine, 354-430), les frères se dispersent, conformément à leur mission de prédication itinérante sur le modèle des apôtres. Dominique lui-même reprend la route, qui le mène en Espagne, en France et en Italie. Il meurt à Bologne en 1221.

La vocation de l'ordre des Dominicains est la prédication de la loi et de la morale catholiques. Elle repose sur une solide connaissance de la théologie, du droit canon et des doctrines philosophiques. Aussi les couvents dominicains sont-ils avant tout des lieux de transmission du savoir. Les prédicateurs viennent s'y instruire avant d'entamer leurs missions, et reviennent régulièrement y trouver de nouvelles réponses. L'ordre compte un grand nombre de docteurs, et malgré une vie de pauvreté et de mendicité, les Dominicains sont de véritables penseurs dotés d'une solide culture théologique, philosophique et scientifique.

LA NAISSANCE DES UNIVERSITÉS

Tout au long du Moyen Âge, l'enseignement est dispensé par l'Église au sein d'écoles et de collèges paroissiaux, épiscopaux ou dans les abbayes. En 1179, le pape Alexandre III (1105-1180) décrète la gratuité et la liberté d'enseignement. Profitant de cette latitude offerte par le pouvoir pontifical et confrontés à la dispersion des lieux d'études, certains maîtres décident de regrouper, dans des lieux autonomes spécialement dédiés à la transmission du savoir, étudiants et professeurs. Ceux-ci restent attachés à l'Église, mais bénéficient de statuts particuliers. C'est ainsi que naissent au XIIe siècle les premières universités : Bologne, spécialisée dans l'enseignement du droit, ou encore Salerne qui voit la création de la première corporation médicale. En France, le roi Philippe Auguste (1165-1223) accorde aux maîtres parisiens des libertés et privilèges particuliers, favorisant ainsi la création de l'université de Paris en 1200. Les écoles, jusque-là nommées *studium generale,* deviennent des *universitas magistrorum* et *scholarium parisiensium,* soit « l'ensemble des maîtres et étudiants de Paris », qui est à l'origine du terme « université ».

LA SORBONNE

L'université de Paris accueille rapidement de nombreux étudiants et professeurs venus de toute l'Europe. Ils sont souvent logés dans des collèges : sorte d'internat, ce sont des lieux de vie et d'étude, mais pas d'enseignement. En 1253, Robert de Sorbon (1201-1274), chapelain et confesseur du roi Louis IX (1214/1215-1270), crée ainsi un collège sur la montagne Sainte-Geneviève. Au XVIe siècle, il accueille sa première chaire d'enseignement, et va dès lors connaître une postérité toujours actuelle, devenant l'université de la Sorbonne.

Les statuts privilégiés des universités reposent sur un fondement essentiel : l'indépendance. Indépendance vis-à-vis de l'autorité ecclésiastique d'abord : elles ne dépendent plus des prêtres, abbés ou évêques, mais relèvent du pape. Indépendance vis-à-vis du pouvoir royal : les officiers royaux n'ont aucun contrôle sur les affaires temporelles des universités qui disposent de leurs propres services d'ordre et de leurs propres tribunaux. Enfin indépendance d'enseignement : la recherche, les discussions, les thèmes débattus sont libres, malgré les oppositions que manifeste régulièrement le pouvoir pontifical. Au XIIIe siècle, la plupart des universités sont créées à l'initiative du pape – celle de Naples en 1224, celle de Toulouse en 1229, celle de Rome en 1244.

Quatre domaines d'enseignement principaux sont regroupés au sein de facultés : le droit canon, la théologie, la médecine et enfin les arts (qui correspondent aux arts libéraux : mathématiques, philosophie, grammaire, rhétorique, etc.). Ces universités forment toutes sortes de public, mais avant tout des religieux. Les membres des ordres mendiants, qui ont fait leur apparition à peu près à la même époque que les universités, y sont particulièrement représentés, l'élaboration d'une doctrine catholique et sa diffusion par l'enseignement étant les fondements de leur mission apostolique.

DE PLATON À ARISTOTE

Jusqu'au XIIe siècle, la philosophie religieuse est marquée par l'héritage augustinien. Fils de modestes propriétaires terriens, Augustin suit des études à Carthage, où il s'illustre dans le domaine de la rhétorique, puis à Rome. Élevé dans le christianisme par sa mère, il le redécouvre, après s'en être détourné et avoir préféré le manichéisme, lors de son séjour à Milan comme enseignant. Il se fait baptiser et, de retour à Carthage, devient évêque de la ville d'Hippone (Algérie actuelle). Pendant les 35 années de son épiscopat, il élabore une pensée doctrinale alliant christianisme et néo-platonisme, philosophie du multiple (l'homme dans sa diversité et son libre arbitre) et de l'unité (la foi et la grâce divine), mais aussi philosophie du savoir, de la vérité intelligible : les « phénomènes » de Platon (vers 427-348/347 av. J.-C.) se dévoilent à l'homme par la raison, le savoir. Mais les « vérités éternelles » (ou concepts), pour le chrétien qu'est Augustin, ne sont accessibles que grâce à la lumière de la foi. Il faut comprendre le monde pour accéder à la foi, par la raison, mais aussi avec ses sens, son intuition, et il faut être porté par la foi pour que la compréhension du monde soit accessible. Dans la pensée augustinienne, la foi prime la connaissance. Le libre arbitre dont l'homme dispose dans son choix entre le bien et le mal ne peut s'exercer correctement qu'avec l'aide de Dieu. Tout ce qui est perceptible de la nature est souvent trompeur, et Augustin est extrêmement méfiant vis-à-vis de tout ce qui touche le monde matériel et corporel – marqué en cela par sa jeunesse dissolue et des penchants qu'il réprouve. Son œuvre monumentale jette les bases de la doctrine de l'Église catholique, qui en porte toujours les influences.

Mais à partir des IXe et Xe siècles, la philosophie, et par là même la théologie occidentale, sont bouleversées par les brillants travaux des érudits arabes. En effet la révolution scientifique qui touche le monde islamique s'accompagne d'un vaste mouvement de traduction des auteurs grecs, dont les travaux allient science et philoso-phie. Au IXe siècle, Bagdad devient le centre de ce mouvement et permet la redécouverte des écrits de Ptolémée (savant grec, vers 100-vers 170), de Galien (médecin grec, vers 131-vers 201) ou encore d'Aristote. Au XIIe siècle, les traductions arabes et surtout leurs commentaires, en particulier ceux d'Avicenne (philosophe et médecin iranien, 980-1037), d'Averroès (philosophe islamique, 1126-1198), de Maïmonide (philosophe, théologien et médecin juif, 1138-1204), traduits à leur tour en latin, se diffusent en Occident. Les textes d'Aristote, en particulier la *Physique* et la *Métaphysique*, suscitent très vite un engouement sans précédent, malgré les réticences pontificales qui conduisent d'abord à l'interdiction de leur diffusion. C'est sur la philosophie aristotélicienne et ses interprétations que les penseurs du XIIIe siècle dont Thomas d'Aquin vont débattre avec passion.

TEMPS FORTS

LA LENTE INTRODUCTION D'ARISTOTE ET LA QUERELLE DE L'AVERROÏSME LATIN

Alors que dans le monde islamique, certaines œuvres encore non diffusées d'Aristote sont redécouvertes dès le XIe siècle, il faut attendre le XIIIe siècle pour que sa lecture et son étude soient autorisées par les papes dans les universités d'Occident. Ce n'est qu'en 1231 que le pape Grégoire IX (vers 1170-1241) accepte de mettre officiellement au programme des études universitaires la *Physique* et la *Métaphysique*, ainsi que la traduction en latin des travaux des philosophes arabes, perses, juifs et grecs, même si, jusque-là, les professeurs ont outrepassé l'interdiction. Vers 1250, l'ensemble des œuvres aristotéliciennes est connu et inscrit aux examens de la faculté des arts de Paris, faisant dès lors l'objet de nombreuses interprétations.

En 1265, l'un des maîtres de la faculté des arts, Siger de Brabant (1235-1281/1284) élabore une pensée particulière, qu'il dit inspirée par les critiques d'Averroès sur les œuvres du philosophe grec. Nommée pour cette raison « averroïsme latin », cette pensée ne reflète pourtant pas totalement la philosophie averroïste. L'une des thèses défendues par Siger de Brabant et ses disciples est la double vérité, selon laquelle la révélation et la philosophie sont indépendantes l'une de l'autre. La philosophie ne permet pas d'accéder à la révélation, et celle-ci n'est pas nécessaire à la connaissance de la vérité par la philosophie. Cette idée est sous-tendue par l'idée que Dieu n'est pas à l'origine directe de chaque événement particulier. Une autre théorie de l'averroïsme latin est celle d'un intellect agent, qui pourrait être Dieu lui-même, extérieur à l'âme humaine. Il existerait ainsi une âme commune à tous les hommes, sans distinction individuelle, et un intellect extérieur qui lui permettrait de saisir le monde et de juger. Enfin, pour Siger comme pour Aristote, le monde est éternel, n'ayant ni commencement, ni fin.

Ces trois propositions ne sont que quelques-unes des thèses développées par l'averroïsme latin. Elles soulèvent un tollé au sein de l'Église dont elles remettent en question de nombreux points de doctrine. En effet, la Bible affirme que le monde a un commencement, elle affirme également le libre arbitre et donc l'individualité de l'âme humaine. Enfin, elle refuse l'idée que la philosophie seule puisse aboutir à la vérité, car si celle-ci, par la manipulation de concepts, arrive à prouver l'absence de Dieu, elle ne peut alors être que mensongère. Ainsi, en 1268, Gilles de Lessines (mort en 1304) demande à Albert le Grand de rédiger un ouvrage destiné à réfuter les thèses des averroïstes latins, dont l'enseignement est interdit en 1270 par l'évêque de Paris.

Tandis qu'à la même époque, un autre philosophe occidental, Boèce de Dacie (mort vers 1284), tente, toujours en s'inspirant des textes d'Aristote et des commentaires d'Averroès, un compromis entre l'affirmation aristotélicienne de l'éternité du monde et celle, biblique, d'un commencement, tout en continuant à nier le libre arbitre de l'homme, Albert le Grand est le premier théologien réellement aristotélicien. Il entame la réconciliation entre la pensée du philosophe grec et la théologie catholique. Il affirme, comme Aristote, que la philosophie doit s'attacher à étudier les phénomènes naturels et leurs causes naturelles propres, dans une démarche proche de ce que vont être les sciences expérimentales, sans présumer des intentions ou de la volonté divine dans la réalisation de ces phénomènes, mais en y voyant sa manifestation.

Thomas d'Aquin, qui a suivi l'enseignement d'Albert le Grand, et qui revient à Paris en 1269 comme professeur, va poursuivre cette œuvre de réunion de la philosophie et de la théologie.

LE PRINCE DE LA SCOLASTIQUE

Thomas d'Aquin est souvent surnommé le « prince de la scolastique ». Cette philosophie propose une façon de penser qui tente de concilier la foi (qui suppose la révélation) et la raison (qui suppose l'exercice de l'intellect), et donne lieu à une méthode d'étude des textes bibliques. Celle-ci débute par la lecture et le découpage en petites sous-parties d'un texte particulier, afin d'en dégager

chaque thème précis grâce à une compréhension fine de chaque mot, de chaque
tournure de phrase. Cela requiert donc
l'utilisation de la grammaire et de la stylis-
tique, afin de dégager parfaitement le sens
littéral du texte. Une fois isolée, chaque
partie fait l'objet de *questii* (« questions »).
C'est là qu'intervient la philosophie : il s'agit
là d'interroger le sens profond et la portée
théologique du texte. Enfin, l'ensemble de
ces questions peut être regroupé dans des
sommes, où elles sont confrontées aux
commentaires d'autres théologiens.

Cette méthode est remise en question dès
le XIVe siècle et plus encore avec l'émergence
de l'humanisme, qui lui reproche son étude
de textes de seconde ou de troisième main
et non les originaux, ainsi que sa rigueur
spéculative et trop peu expérimentale. Elle
reste néanmoins la méthode exégétique
privilégiée du catholicisme.

UNE ŒUVRE MAGISTRALE

Thomas d'Aquin est l'auteur d'une œuvre dont
il est difficile d'évaluer le nombre de volumes.

Travailleur acharné – l'épuisement intellectuel étant sans doute une des causes de sa mort prématurée –, il a rédigé des textes de commande et quelques œuvres liturgiques, mais surtout des ouvrages en lien avec son enseignement : recueils des questions disputées à l'université de Paris, commentaires sur la Bible et sur les 13 œuvres connues d'Aristote, et surtout trois ouvrages qui vont permettre la transmission de la philosophie thomiste.

Le premier est un recueil de commentaires sur les *Sentences* de Pierre Lombard (théologien lombard, vers 1100-1160). Cet ouvrage, rédigé au milieu du XIIe siècle, regroupe des textes bibliques accompagnés des différents commentaires réalisés par les pères de l'Église qui mettent en lumière leurs points communs comme leurs contradictions, permettant ainsi l'exercice scolastique, caractéristique de l'enseignement universitaire. Au XIIIe siècle, il s'agit du livre de référence pour tous les professeurs et étudiants des facultés des arts, et Thomas d'Aquin s'est largement appuyé sur ce texte pour développer ses propres méthodes d'enseignement.

<u>**LES PÈRES DE L'ÉGLISE**</u>

Les pères de l'Église sont les penseurs et auteurs chrétiens qui, dans les premiers temps de l'Église (du Ier au VIIIe siècle), ont contribué par leur vie et par leur œuvre à élaborer la doctrine chrétienne. Au nombre de 70 environ, ils n'ont pas été choisis par l'autorité pontificale, contrairement aux docteurs de l'Église. Parmi les plus célèbres, on trouve Tertullien (155-222), Origène (185-252/254), saint Basile de Césarée (330-379), saint Grégoire de Nysse (335-394), saint Ambroise (340-397), saint Augustin ou encore Denys (VIe siècle). Nombre d'entre eux sont également docteurs de l'Église. Ceux-ci ont été canonisés, et par là même reconnus par l'Église. Leurs noms se trouvent sur une liste officielle établie à partir de 1295 (date de création du titre de docteur en théologie) et rétroactive, pour contribution à la théologie. Celle-ci se complète ensuite au fil du temps avec la canonisation de nouveaux penseurs contemporains ou celle de pères dont l'apport est reconnu.

Il rédige ensuite, entre 1258 et 1265, la *Somme contre les gentils* (c'est-à-dire les païens). Fidèle à la mission de prédication des membres de son ordre, Thomas d'Aquin fournit avec ce texte des outils pour convaincre et convertir les païens (en particulier les musulmans) à la foi chrétienne.

Enfin, à partir de 1266, il dicte sa *Somme théologique*, dont la rédaction est interrompue par sa mort, laissant l'œuvre inachevée. Elle est divisée en trois parties. La première concerne Dieu et sa connaissance, la seconde propose les voies d'une vie morale, et la troisième étudie la vie du Christ et l'enseignement que l'on peut en tirer.

L'ensemble de son œuvre repose sur un dialogue constant entre lui et les auteurs qui, avant lui, ont travaillé sur les textes qu'il étudie. Il reprend ainsi parfois point par point les commentaires d'Averroès ou de Maïmonide sur la *Métaphysique* d'Aristote pour les commenter, les approuver ou les nuancer. Synthétisant ainsi la pensée chrétienne des auteurs repris par Pierre Lombard, tels Augustin ou Denys, la pensée juive de Maïmonide, musulmane d'Averroès, la pensée thomiste revêt une forme d'œcuménisme originale.

LA RAISON COMME MOYEN D'ATTEINDRE DIEU

Contrairement à Averroès et à ses disciples latins, Thomas d'Aquin estime que la philosophie et la théologie ne sont pas indépendantes. Elles sont au contraire étroitement liées. S'il place la philosophie au rang de « servante de la théologie », ce n'est pas un lien de domination : la théologie ne peut s'élaborer sans le service de la philosophie, ces deux disciplines sont interdépendantes. Selon lui, la véritable fin (au sens de finalité, de but) de l'homme est la connaissance parfaite de l'objet le plus parfait de la façon la plus parfaite possible, soit la connaissance intellectuelle de Dieu. Or cette fin n'est pas accessible directement à l'homme. Il n'en a pas l'intuition, contrairement à ce que défendent les héritiers de saint Augustin ou encore les théologiens d'obédience franciscaine. Pour Thomas d'Aquin, c'est d'abord la philosophie qui lui a permis de comprendre quelle était la fin ultime de la vie humaine. De plus, il est aussi nécessaire d'exercer sa raison, son intellect, en un mot de philosopher, afin de construire une théologie, une connaissance de Dieu. La Bible, qui est l'incarnation de la parole de Dieu et donc une voie d'accès à sa connaissance, n'est pas immédiatement accessible. Il faut exercer son intellect, apprendre, chercher à comprendre toutes ses lectures, débattre avec les différents lecteurs et commentateurs, afin de s'approcher au mieux de la compréhension de cette parole et de cette essence divine. De même, la nature et le monde qui nous environnent sont un témoignage de l'essence divine. Sa connaissance et sa compréhension, par les sens d'abord, puis par une démarche rationnelle et analytique des informations qu'ils nous fournissent, est donc un moyen de prouver l'existence de Dieu. Mais si la philosophie, voie d'accès à Dieu, constitue une première rencontre avec une partie de l'essence divine, l'accomplissement total et absolu de la connaissance divine n'est possible que si l'homme y est disposé grâce à la révélation.

Ainsi foi et raison se complètent : la raison et le savoir servant la foi en permettant d'accéder à la connaissance de l'existence de Dieu, celle-ci étant parfaitement réalisée grâce à la foi. De la même manière, philosophie et théologie se complètent : la philosophie (et la science), en étudiant les manifestations de Dieu, prouve son existence, tandis que la théologie est la promesse de la connaissance de l'essence divine après la mort. Thomas d'Aquin propose ainsi une forme d'harmonie entre ce que la raison peut saisir et ce que la foi peut réaliser.

Il expose également que l'exercice même de la raison, et non pas seulement le fruit de cet exercice, est une façon de connaître Dieu. Le fait de pouvoir penser est une sorte d'étincelle divine placée en chaque être, c'est l'Esprit saint qui souffle à chaque intellect la voie vers la vérité. La raison humaine est le reflet de l'intelligence divine. Tout homme est ainsi une image de Dieu et, lorsqu'il pense, il participe à Dieu.

L'exercice de la philosophie critique répond par ailleurs à une inquiétude du temps, qui concerne au premier chef les Dominicains. Ceux-ci sont en effet, en tant qu'inquisiteurs, aux prises avec les dérives hérétiques qui traversent le XIIIe siècle. Ils rejettent avec vigueur toute forme de religiosité basée sur des superstitions, contre lesquelles le savoir est la meilleure arme.

UNE THÉORIE DE L'ÂME NOVATRICE

Contrairement à Aristote, Averroès ou encore à Maïmonide qui présentent l'intellect comme un agent extérieur à l'âme humaine, pour Thomas d'Aquin l'intellect fait partie de celle-ci : elle est individuelle, personnelle et immortelle. Chacun a sa façon de penser, de comprendre et de saisir le monde, et ce n'est pas un intellect agent extérieur qui régit cette fonction. Chaque homme a une âme spécifique et en fait un usage libre.

Pour lui, l'âme de tout être vivant est composée de deux parties. La partie végétative régit la croissance, la nutrition et la reproduction. La partie sensible est quant à elle responsable de la locomotion et des sens. L'homme dispose en plus de quelques spécificités. Son âme est sensible à deux fonctions supplémentaires : une fonction cogitative, qui lui permet le traitement des données fournies par les sens, et une fonction que l'on pourrait qualifier de « réminiscente », celle de la mémoire par images mentales. Toutes deux font appel à l'intelligence. Elles constituent l'intellect passif. L'homme se démarque également par une troisième partie de l'âme, la partie raisonnable, dont il est seul détenteur dans le règne du vivant. Elle lui permet la construction d'abstraction grâce à l'exercice du raisonnement, l'action d'un intellect actif ou agent. Cette approche philosophique originale de l'esprit peut être rapprochée des connaissances actuelles en matière de neurologie.

Cette vision d'une âme personnelle s'accompagne de la notion d'un libre arbitre permettant à l'homme de choisir de répondre au désir de Dieu ou de s'y soustraire. La théorie de la liberté est complexe chez Thomas d'Aquin, car elle reconnaît à la fois une indépendance de la volonté et la possibilité d'une intervention divine dans son orientation. Il n'en reste pas moins que pour le théologien, l'homme est libre de se conformer aux règles de la vie sociale ou de les refuser, ce qui entraîne une réflexion politique. Tout comme Aristote, la pensée de Thomas d'Aquin vise à la connaissance de l'ensemble de ce qui concerne l'humanité, car cet ensemble étant l'œuvre de Dieu, pour connaître Dieu parfaitement, il faut en saisir tous les effets.

UNE VISION POLITIQUE ORIGINALE

Du fait de la liberté de l'homme de se comporter suivant ses inclinations, la société, pour se protéger, doit ériger une morale reposant sur des lois visant le bien commun. Afin de les appliquer, une autorité supérieure est nécessaire. Si la représentation terrestre de Dieu – l'Église catholique – est l'autorité supérieure en matière de foi, Thomas d'Aquin ne reconnaît pas sa légitimité comme pouvoir temporel. Il défend une autorité personnelle – et dans la société médiévale qui est la sienne, son modèle est le souverain, le roi ou l'empereur –, mais cette autorité personnelle devrait être représentative du peuple. Le peuple doit pouvoir, au travers de la désignation de représentants au sein d'une oligarchie ou d'une monarchie, participer à son propre gouvernement. Thomas d'Aquin définit ainsi une forme de système démocratique.

UNE MORALE DU BONHEUR

Après une forme de morale politique, Thomas d'Aquin propose également une morale personnelle. Elle n'est pas une morale de la loi :

ce n'est donc pas le respect des lois de bonne conduite, dictées par des autorités ecclésiastiques qui doivent permettre d'accéder au salut. Une obéissance aveugle serait en effet contraire à l'exercice de la raison, qui est le fondement du libre arbitre, ainsi que de la distinction éclairée entre le bien et le mal. Il propose alors, comme Aristote, une morale du bonheur. Le bonheur est la réalisation du bien, et pour l'homme il réside dans la satisfaction du désir humain de connaître et de comprendre. Pour les deux hommes, ce bonheur est donc accessible durant la vie terrestre, contrairement à Augustin, par exemple, qui ne le pense réalisable qu'après la mort. Mais si pour Aristote la satisfaction du désir de connaître suffit au bonheur, pour Thomas d'Aquin, celui-ci n'est parfait que dans la connaissance de l'essence divine.

UNE FIN MYSTIQUE

Le 6 décembre 1273, alors que Thomas d'Aquin participe à une messe dédiée à saint Nicolas dans la chapelle éponyme de Naples, il a une révélation. Vision divine pour les uns, accident cérébral pour d'autres, elle transforme radicalement le théologien, qui dit y avoir vu le Christ le félicitant de son travail et lui demandant ce qui le comblerait, question à laquelle il aurait simplement répondu « vous ». Il cesse brutalement tout travail d'écriture, laissant la *Somme théologique* inachevée. Aux questions pressantes de son entourage, il répond qu'il a compris la fatuité de son ouvrage, que celui-ci n'est que « paille » face à ce qui lui a été dévoilé.

Alors qu'il se rend chez sa sœur pour se reposer, il est victime de multiples chutes, et reste plongé dans un quasi-mutisme. Son regard absent inquiète son frère, qui tente de le faire revenir à ses travaux d'écriture. Thomas lui apprend alors que ce temps est achevé, et qu'il attend désormais la mort pour atteindre ce qui lui a été révélé ce 6 décembre. Sur le chemin vers Lyon, où le pape Grégoire X l'a fait demander, il s'arrête au monastère de Fossanova. Il aurait alors commencé un commentaire du « Cantique des cantiques », renouant avant sa mort avec ce qui a traversé toute son œuvre : l'amour de Dieu, du Christ et des hommes.

POSTÉRITÉ

UNE PENSÉE CONTROVERSÉE

Du temps de Thomas d'Aquin et quelques décennies encore après sa mort, ses thèses vont faire l'objet de débats et de controverses parmi ses détracteurs, mais également au sein de ses confrères dominicains.

C'est d'abord l'évêque de Paris, Étienne Tempier (mort en 1279), qui va procéder à la condamnation, en 1270, de 13 articles défendus par les commentateurs d'Aristote. En 1277, cette condamnation s'étend à 219 articles, concernant aussi bien les miracles, la causalité directe ou indirecte de Dieu (Dieu intervient-il directement dans les phénomènes ou est-il relayé par des intermédiaires ?), que l'éternité du monde. Si le procès est d'abord celui des averroïstes et plus particulièrement celui de Siger de Brabant, il est aussi celui, plus général, de l'aristotélisme et par là de ceux qui, comme Thomas d'Aquin, l'ont étudié et transmis. En effet, Étienne Tempier et le collège de théologiens qu'il réunit pour étudier les questions débattues à la faculté des arts de Paris se réclament d'un augustinisme authentique, que l'aristotélisme ébranle. La position de Thomas d'Aquin sur l'unité de l'âme et du corps, sur le corps (et les sens) comme participant à l'œuvre de l'âme – et, par extension, sur la matérialité de la nature participant à l'essence divine – heurte le rejet proprement augustinien des choses de la matière. L'évêque de Canterbury, Robert Kilwardby (1215-1279), pourtant dominicain comme Thomas d'Aquin, condamne à son tour cette position qui unit esprit et matière. Mais les critiques virulentes n'ont pas beaucoup d'écho, et le successeur d'Étienne Tempier suspend rapidement la condamnation de 1277, tandis que l'enseignement des thèses averroïstes, thomistes et de la philosophie d'Aristote se poursuit à l'université parisienne.

Toutefois, la controverse s'intensifie entre Dominicains et Franciscains. Les deux ordres mendiants se livrent en effet à une joute théologique qui se poursuit durant plusieurs décennies. De Bonaventure de Bagnoregio (théologien franciscain italien, 1217/1221-1274) à ses disciples proches eux aussi de l'augustinisme, de

Jean Duns Scot (théologien franciscain anglais, 1266-1308) à Guillaume d'Ockham (théologien franciscain anglais, vers. 1285-vers 1349), la théologie franciscaine réfute à la raison son autonomie et sa capacité à accéder à la vérité : sans l'intervention de Dieu, la raison n'est rien.

Si Guillaume d'Ockham, à l'origine du courant nominaliste, rejette la théorie platonicienne des universaux et rejoint, par l'utilisation de la logique et de l'expérience singulière des faits, une certaine approche aristotélicienne, il s'oppose néanmoins radicalement à Thomas d'Aquin en ce qui concerne le pouvoir de la raison. Celle-ci ne peut, selon lui, que saisir ce que la perception lui donne à voir, et est donc incapable de conduire à la connaissance de Dieu. Mais la canonisation de Thomas d'Aquin en 1323 apaise ces disputes philosophiques et théologiques.

LES UNIVERSAUX

Ce que la philosophie platonicienne nomme universaux et que l'on peut simplifier sous le terme d' « idées » ou de « pensées » exprimées verbalement, est une théorie de l'expression, du langage, qui représente ce que l'on nomme. Pour les réalistes (dont Platon, Aristote et, au Moyen Âge, Thomas d'Aquin), le sensible est relatif : un objet, une chose n'est jamais identique, alors que l'idée de l'objet est quant à elle fixe. Ainsi l'idée d'arbre est universelle, tandis que les arbres eux-mêmes sont tous différents. La connaissance universelle de l'arbre, et donc le fait d'écrire « arbre », précède l'expérience de la singularité de celui-ci, de même que la chose existe même quand les sens ne l'ont pas expérimentée. Par conséquent, l'univers a du sens en lui-même, que l'homme découvre. Ce n'est donc pas l'homme qui donne du sens à ce qui l'entoure : il ne fait que le découvrir.

Pour les nominalistes, qui appartiennent à un courant fondé par Guillaume d'Ockham, les idées suivent l'expérience de la chose. Il n'est possible de nommer un concept (tel celui d'arbre) qu'après en avoir fait l'expérience. Sans expérience, le mot « arbre » n'est qu'un mot, un son, qui ne porte aucun sens particulier.

Pour les conceptualistes, enfin – dont fait partie Pierre Abélard (philosophe et théologien français, 1079-1142) –, les mots ne s'appliquent pas forcément à des choses réelles : on peut construire un concept qui n'a aucune traduction dans le réel, mais seulement une existence dans le langage qui lui donne vie.

LA POSTÉRITÉ DE LA PENSÉE THOMISTE

LES 24 THÈSES THOMISTES ET LES CINQ VOIES

Les 24 thèses thomistes sont 24 sentences résumant une partie de la pensée de Thomas d'Aquin, sur l'âme et la matière, la volonté et l'intelligence, ainsi que sur l'existence de Dieu. Sont également reconnues les cinq voies permettant de prouver l'existence de Dieu, de connaître Dieu par la raison :

- le mouvement. Tout mouvement ne pouvant se produire qu'à partir d'un mouvement antérieur, le premier mouvement ne peut venir que d'un mouvement initial impulsé par Dieu ;

- la causalité. Tout comme le mouvement est dépendant d'un mouvement initial, les événements étant l'effet d'une cause, il faut une cause initiale, qui est Dieu ;
- la contingence. Pour que quelque chose existe, il faut que quelque chose d'existant antérieurement lui ait donné vie. Le premier existant ne peut donc être que Dieu ;
- la gradation. Dans la nature, les choses sont plus ou moins parfaites, mais pour que cette gradation ait du sens, il faut un référent. Ce référent est Dieu, perfection absolue ;
- l'ordre. La nature est régie par un ordre. Chaque être vivant et chaque partie de chaque être, ainsi que tous les éléments de la nature ont une fonction, une finalité. Cette finalité a été établie par une intelligence qui est celle de Dieu.

La canonisation de Thomas d'Aquin, demandée par la province dominicaine de Sicile dès 1317 et soutenue par le pape Jean XXII, est prononcée par ce dernier en Avignon en 1323. Toutes les condamnations dont il avait été l'objet sont alors levées et l'enseignement des thèses thomistes réintègre le cursus des universités. Mais, si la renommée et la diffusion des œuvres de Thomas d'Aquin connaissent un essor particulier, c'est surtout grâce à Luther (théologien et réformateur allemand, 1483-1546). Face à la menace que représente la Réforme, le pape Paul III (1468-1549) convoque dans la ville de Trente un concile qui débute en décembre 1545. Le concile de Trente, qui se réunit régulièrement pendant 18 ans, vise à éclaircir, à réformer et à asseoir la doctrine catholique, dont les textes de Thomas d'Aquin font justement partie.

Il est nommé docteur de l'Église en 1567 et sa *Somme théologique* remplace bientôt les *Sentences* de Pierre Lombard dans les facultés des arts. Ses arguments seront également ceux utilisés par les réformateurs catholiques, dont la toute nouvelle compagnie de Jésus d'Ignace de Loyola (prêtre catholique espagnol, 1491-1556), en vue de contrer les réformateurs protestants.

En 1879, le pape Léon XIII (1810-1903) réaffirme la place de saint Thomas d'Aquin dans l'enseignement théologique catholique, tout d'abord à travers l'encyclique Aeterni Patris, dans laquelle il demande aux philosophes et aux théologiens chrétiens de construire une doctrine basée sur le thomisme. Il confirme cette volonté par le soutien qu'il apporte à la création du Collège des éditeurs des œuvres de saint Thomas d'Aquin, surnommée Commission léonine en l'honneur du souverain pontife. Les membres qui composent cette commission fondée en 1879 ont pour mission de relire les manuscrits et d'en publier une version la plus fidèle possible aux originaux. Encore active aujourd'hui, elle est gérée par l'ordre des Frères prêcheurs.

Au début du XXᵉ siècle, alors que l'Église catholique est au cœur d'une nouvelle crise doctrinale face à l'apparition du modernisme (relativisme et prise de distance avec les textes et les doctrines de l'Église), le pape Pie X (1835-1914) place la philosophie scolastique et les 24 thèses thomistes à la base de l'enseignement théologique catholique. En 1950, Pie XII (1876-1958) réaffirme, dans l'encyclique (lettre envoyée par le pape aux évêques du monde entier) Humani Generis, que la philosophie thomiste est le « guide le plus sûr de la foi catholique ». Après avoir vu cette certitude vaciller à quelques reprises, le concile de

Vatican II (1962-1965) puis les papes Jean-Paul II (1920-2005) et Benoît XVI (né en 1927) confirment la position centrale de saint Thomas d'Aquin dans la doctrine catholique.

POUR CONCLURE

Cette présentation sommaire et essentiellement philosophique de l'œuvre immense de Thomas d'Aquin passe sous silence toute sa réflexion sur l'illumination, sur la grâce, sur l'homme comme Image de Dieu, sur les anges, sur sa lecture des Évangiles et sur l'importance de l'amour, notamment. Tout comme Thomas d'Aquin disait : « de Dieu, nous ne savons pas ce qu'il est mais seulement ce qu'il n'est pas » ; de Thomas d'Aquin, ce que nous savons ici montre tout ce que nous ne savons pas encore de lui. Une invitation à exercer et à assouvir, à son image, notre désir de connaître.

EN RÉSUMÉ

- Au XIIe siècle, les traductions arabes des philosophes grecs, dont Aristote, arrivent en Occident, bouleversant la pensée philosophique et théologique qui reposaient jusqu'alors sur les textes de Platon et des néo-platoniciens dont saint Augustin.
- La première moitié du XIIIe siècle voit naître les premières universités, mais aussi les ordres mendiants : en 1216, Dominique Guzman fonde l'ordre des Frères prêcheurs (Dominicains).
- En 1225, Thomas d'Aquin naît à Roccasecca.
- Après des études passées au couvent du mont Cassin, Thomas d'Aquin entre dans l'ordre des Frères prêcheurs. Alors qu'il suit Jourdain de Saxe vers Cologne, il est enlevé par sa mère, qui refuse d'accepter la voie qu'est en train de prendre son fils.
- Après un an de réclusion qui n'entame en rien sa volonté de suivre les Dominicains, il poursuit ses études à Paris puis à Cologne, sous la direction d'Albert le Grand, qui le forme à la philosophie aristotélicienne.

- Devenu docteur en théologie, il développe contre les thèses pseudo-averroïstes de Siger de Brabant et de ses disciples une pensée alliant christianisme et aristotélisme, foi et raison.
- Après avoir fait l'objet de nombreuses controverses, Thomas d'Aquin est canonisé le 18 juillet 1323 par le pape Jean XXII et est nommé docteur de l'Église en 1567.
- En 1914, Pie X place les 24 thèses thomistes et les cinq voies de connaissance de Dieu au cœur de l'enseignement théologique catholique.
- De nombreux papes, jusqu'à Jean-Paul II et Benoît XVI, réaffirment tout au long des XIXe et XXe siècles la place essentielle de l'œuvre de Thomas d'Aquin dans la théologie catholique.

Votre avis nous intéresse !
Laissez un commentaire sur le site de votre
librairie en ligne et partagez vos coups de cœur sur
les réseaux sociaux !

POUR ALLER PLUS LOIN

SOURCES BIBLIOGRAPHIQUES

- ATTALI (Jacques), *Raison et foi : Averroès, Maïmonide, Thomas d'Aquin*, Paris, Éditions de la Bibliothèque nationale de France, 2004.

- BURLOT (Joseph), *La civilisation islamique*, Paris, Hachette, 1990.

- CHELINI (Jean), *Histoire religieuse de l'Occident médiéval*, Paris, Hachette, 1991.

- HUMBRECHT (Thierry-Dominique), *Théologie négative et noms divins chez saint Thomas d'Aquin*, Paris, Vrin, 2006.

- IMBACH (Ruedi) et OLIVA (Adriano), *La philosophie de Thomas d'Aquin*, Paris, Vrin, 2009.

- LANCEL (S.), « Augustin (saint) », in *Encyclopédie berbère*, consulté le 10 octobre 2014. http://encyclopedieberbere.revues.org/1222

- LE GOFF (Jacques), *Hommes et femmes du Moyen Âge*, Paris, Flammarion, 2012.

- PICHÉ (David), *La condamnation parisienne de 1277*, Paris, Vrin, 1999.

- POULIOT (François), *La doctrine du miracle chez Thomas d'Aquin. Deus in omnibus intime operatur*, Paris, Vrin, 2005.

SOURCES COMPLÉMENTAIRES

- BOYER (Jean-Paul), « Reges sunt vassali Ecclesie », in *Rives nord-méditerranéennes*, n° 19, 2004.

- CABALLE (Antoine), *Bible et éducation, une autre pédagogie*, thèse de doctorat en sciences de l'éducation, Lyon, Université Lyon 2, 2004.

- CELEYRETTE (Jean), « La critique de l'*esse intentionale* par Guillaume d'Ockham », in *Methodos*, n° 2014.

- LINDSAY (James), « La philosophie de saint Thomas », in *Revue néo-scolastique*, 11ᵉ année, n° 41, 1904.

- SCHNEIDER (Jakob Hans Joseph), « L'unité de la raison humaine selon Thomas d'Aquin et Al-Farabi », in *Le Portique*, n° 12, 2003.

- « Vie de saint Dominique de Guzman, in *Ordre des Prêcheurs*. Canada, consulté le 9 octobre 2014. http://www.dominicains.ca/famille/vie_dominique.html

LITTÉRATURE

- ALIGHIERI (Dante), *La Divine Comédie*, entre 1305 et 1320.

- ECO (Umberto), *Le Nom de la rose*, 1982.

DOCUMENTAIRES

- « Retour vers le Moyen Âge, Thomas d'Aquin », émission *Les nouveaux chemins de la connaissance* d'Adèle van Reeth, France, 2013.

- « Thomas d'Aquin », émission *La foi prise au mot*, France, 2009.

ICONOGRAPHIE

- *Demidoff*, polyptyque sur bois de Carlo Crivelli (peintre italien, vers 1430/1435-vers 1493/1500), 1416, conservé à la National Gallery (Londres).

- *La Vierge et l'Enfant avec les saints Dominique et Thomas d'Aquin*, Fra Angelico (peintre italien, 1400-1455), environ 1440, musée de l'Hermitage (Saint-Pétersbourg).

- *Le Triomphe de saint Thomas d'Aquin*, tableau de Gozzoli Benozzo (peintre italien, 1420-1497), 1420, conservé au musée du Louvre (Paris).

- *Saint Thomas d'Aquin et la Somme*, fresque de Fra Angelico, vers 1442, conservée au couvent San Marco (Florence).

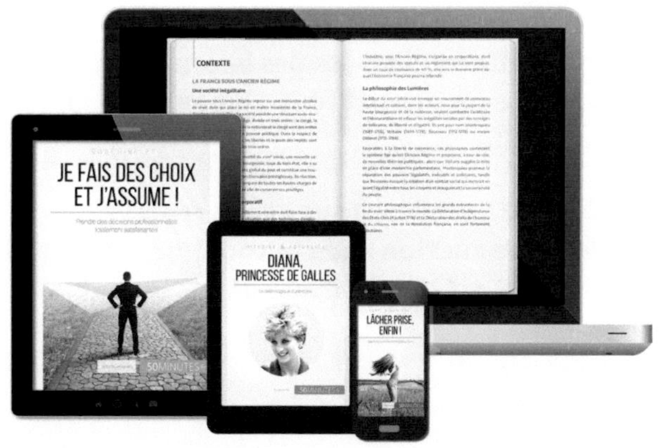

ISBN ebook : 978-2-8062-5480-1
ISBN papier : 978-2-8062-5658-4
Dépôt légal : D/2015/12603/128
Photo de couverture : *Saint Thomas d'Aquin, issu du polyptique sur bois « Demidoff »* de Carlo Crivelli (1476). L'image reproduite est réputée libre de droits.

Conception numérique : Primento,
le partenaire numérique des éditeurs